Liza Hudson · Rheinmagie

Liza Hudson

Rheinmagie

Gedichte/Poems

Weimarer Schiller-Presse

FRANKFURT A.M. LONDON NEW YORK

Die neue Literatur, die – in Erinnerung an die Zusammenarbeit Heinrich Heines und Annette von Droste-Hülshoffs mit der Herausgeberin Elise von Hohenhausen – ein Wagnis ist, steht im Mittelpunkt der Verlagsarbeit. Das Lektorat nimmt daher Manuskripte an, um deren Einsendung das gebildete Publikum gebeten wird.

Bibliografische Information der Deutschen Nationalbibliothek
Die Deutsche Nationalbibliothek verzeichnet diese Publikation in der Deutschen Nationalbibliografie; detaillierte bibliografische Daten sind im Internet abrufbar über http://dnb.d-nb.de.

Titelbild und Illustrationen: Leslie Hudson

Websites der Verlagshäuser der Frankfurter Verlagsgruppe:

www.frankfurter-verlagsgruppe.de
www.frankfurter-literaturverlag.de
www.frankfurter-taschenbuchverlag.de
www.publicbookmedia.de
www.august-von-goethe-literaturverlag.de
www.fouque-literaturverlag.de
www.weimarer-schiller-presse.de
www.deutsche-hochschulschriften.de
www.deutsche-bibliothek-der-wissenschaften.de
www.haensel-hohenhausen.de
www.prinz-von-hohenzollern-emden.de

Gedruckt auf säurefreiem, alterungsbeständigem Papier, hergestellt aus chlorfrei gebleichtem Zellstoff (TcF-Norm).

Printed in Germany

ISBN 978-3-8372-1921-0

Ein Unternehmen der
FRANKFURTER VERLAGSGRUPPE AKTIENGESELLSCHAFT
In der Straße des Goethehauses/Großer Hirschgraben 15
D-60311 Frankfurt a/M
Tel. 069-40-894-0 • Fax 069-40-894-194
E-Mail lektorat@frankfurter-literaturverlag.de

Ich widme dieses Buch besonders meiner lieben und wunderbaren Mama, den Töchtern Aleen und Leslie, der Familie mit Verwandten und Freunden.

Ebenso allen Begegnungen hier auf Erden.

In loving memory of Ed and Norma Hudson. For the English speaking people a little gift "Impressions of life".

Inhalt

Impressions of Life

Oh Mäuseturm, oh Mäuseturm

Ganz gleich auf welcher Höhe ich steh
von fast überall her ich dich seh.
Bei deinem Anblick
meine Sorgen im Winde verwehn,
als ob noch Zeichen und Wunder geschehen.
Du bist wahrlich mehr als der Eifelturm von Bingen –
du bist das Tor der Romantik, ein Garant für gutes
Gelingen!
Deine Sage erzählte uns von mäusereichen Dingen –
damals im Mäuseturm zu Bingen, als die Mäuse
den habgierigen Bischof Hatto hoch hinauf zur
Turmspitze zwangen, denn er wollte mehr und mehr
Steuergeld verlangen. Ob gute oder schlechte Ernte
das störte ihn nicht – er kannte keinen Verzicht.
Seine Keller waren überfüllt – nur seine Untertanen,
die sollten hungern und darben – sogar von den Schiffern
verlangte er unverschämte Zollabgaben – so kam es,
dass er die Armen in einen Hinterhalt in die Zehntscheuer
lockte und dann die Ärmsten im Feuer verbrannte. Nun
reichte
es den Mäusen und sie rannten zu Tausenden aus der
Scheuer
zum Bischofspalast – er sollte bezahlen für diese Schande.
Das Hilferufen der Armen hatte ihn kaltgelassen und nun
wollten sie ihn nicht mehr zur Ruhe kommen lassen.
Sie fraßen sein Hab und Gut und schlugen ihn ängstlich
in die Flucht – über den Rhein zum Mäuseturm – hier
hoffte er sicher zu sein, doch die vielen tausend Mäuse

verfolgten ihn und fraßen ihn mit Haut und Haaren im Mäuseturm auf. Am Ende konnte Vater Rhein nur noch vom Freudentanz der Mäuse erzählen und selbst, wenn die Wellen im Winter im Vater Rhein einfrieren und nichts mehr
berichten, so sollten wir eines kapieren, in BINGEN werden
die Mäuse für immer regieren!

Rhein und Felder

Der Rhein – er kann so schön fließen,
auf den Feldern sich Blumen, Pflanzen
und Blüten zerstreuen – eines werde ich nie
bereuen: mich in den Rhein und die Felder
zu verlieben, denn deren Treue ist mir bis
heute geblieben.

Perlen

Eine Perle wie du gibt es nur einmal,
sie tritt nimmer mehr in mein Leben –
Danke für alles – dein Wert ist mir bewusst –
du hast mir unendlich viel gegeben –
ein Vergleich mit anderen Perlen –
in diesem Leben – wäre sicher nicht mein Bestreben!

Meinem Tierlein

Mein Tierlein,
ich muss es verstehen,
heute in Frieden sollst du gehen –
ohne Schmerzen –
befreit von deinem Leid –
danke für unsere gemeinsame schöne Zeit –
ich wünsche dir eine schöne Reise und
für den Rest deines Seins eine gute Zeit –
du warst mein liebstes Tierlein und ich
weine um dich – nicht weil du mir leid tust –
nein, es geht um mich – weil ich traurig bin ohne dich –
aber da muss ich durch und schaff es auch –
doch in meinem Herzen ist ein Stempel mit
dicken Initialen drauf und da steht –
für immer und ewig in Gedanken bei dir –
öffnet meinem Tierlein die Himmelstür!

Leslie Hudson

Leslie Hudson

Schönes San Diego

Wie lagst Du da, im Mondesschein und Wellenrauschen,
blaues Meer und Ohrensausen, nein, das kann nicht sein,
lass mich bitte nicht allein, bitte erhöre mein Flehen, denn
wo würde ich ohne Dich noch hingehen?

San Diego, ich kehre zurück,
hier bin ich immer im Glück,
das Meer, die Sonne, die vergessenen Sorgen,
nichts interessiert mich mehr – nur das Morgen.

Selbst die Obdachlosen sind hier besser dran,
das erfreut das Herz, das auf dieser Welt,
sowieso ist voller Schmerz, zu sehen, es
kann auch besser gehen, wenn jeder sich
mehr öffnet und etwas mehr teilt,
dann werden nicht so viele vom Schmerz ereilt.

So stand ich an der Reling, der Wind der vorbeiziehenden
Möwen streift mein Haar und mir ist eines klar –
die warme Sonne strahlt auf mich ein – schöner kann
auch das Paradies nicht sein.

Ein Vagabund schaut mich mit hungrigen Augen an –
ich teile mein Brot und helfe ihm aus seiner Not –
er bedankt sich mit einem Lächeln und wir schauen
raus auf's Meer und es gibt keine Fragen mehr.
Adios, San Diego, bis bald.

Butterzart

Nicht hart gesotten
oder weich gekocht
Butterzart – so habe ich dich gemocht!
Ich weiß noch wie du schmeckst und riechst –
und an deinen Lippen habe ich es gespürt –
ein inniger Kuss von dir hat unsere Liebe gekürt!

Windblume

Im Winde verweht,
alles, alles ist zu spät –
wie lange hab ich gewartet
auf eine Antwort von dir,
traurig und einsam,
was ist nur passiert,
vor Kummer bin ich fast
wie eine Blume verwelkt,
trotzdem habe ich es geschafft
wieder aufzublühen und
das ganz alleine –
ohne deine Mühen!

Vogelgesang

Deine Stimme klang
wie der schönste Vogelgesang
am liebsten würde ich sie hören
stundenlang –
immer wieder dieses zucken und beben
durch all meine Glieder –
kommst du jemals zu mir zurück und
singst mir deine Lieder –
denn jetzt fühle ich mich wie
ein Huhn ohne Gefieder –
nackt und unvollkommen
du hast mir alle Sinne genommen –
werde ich jemals wieder Federn bekommen?

Worte

Sind vergleichbar mit Federn,
sie sind schnell und leicht verflogen,
doch eines ist anders –
während die Feder noch lange schwebt –
die Verletzung mancher Worte tiefe Wunden gräbt!

Liebe

Nicht nur unser liebstes, schönstes
und kostbarstes Wort – nein, die Liebe
hat so viel Bedeutung hier und an jedem
anderen Ort – nach Liebe muss man streben –
sie erleben und immer, immer weitergeben.
Liebe gibt uns Kraft, sozusagen Lebenselixier –
Hoffnung oder gar Macht – Liebe hat uns traurig oder
manches Mal zur Verzweiflung gebracht –
trotzdem hat man niemals daran gedacht – ohne
Liebe zu leben – Gott hat uns mit der Liebe immer
wieder eine Chance gegeben und eines ist so klar,
ohne Liebe wären wir alle nicht da!
Die Liebe, die einst erlebt und in unseren Herzen
ewig weiterlebt – diese Erinnerungen, all die Gefühle
wird uns niemand mehr nehmen und sie machen uns
reich, und für diesen Reichtum muss niemand sich schämen!

Schwarz/Weiß

Schwarz oder weiß,
gelb oder rot,
egal welche Rassen oder Schichten, Menschen sollten
nicht
darunter leiden –
oder gar verzichten –
wir sind alle gleich –
aus einer Sicht –
am Ende zählt wirklich nicht die Farbe im Gesicht –
sondern das Hohe Gericht –
daher hat jeder noch heute eine letzte Gelegenheit
sich zu besinnen – böse Gedanken zu vernichten und
in Zukunft auf deren Entstehung gänzlich zu verzichten!

Geburtstag

Heute ist dein Geburtstag –
ein besonderer Tag –
die ganze Welt soll es wissen –
notfalls auch eine Flagge hissen
HAPPY BIRTHDAY to you –
all deine Wünsche – Ziele - Gedanken
sollen sich erfüllen –
nicht in einen endlosen Traum umhüllen –
einen unvergesslichen Tag voller Erinnerung
und Freude mit Familie und Freunden oder
auch allein soll dir von Herzen gegönnt sein!

Schenken

Das Schenken ist eine schöne Sache,
wer möchte nicht dann und wann
eine Freude machen – einen anderen
Menschen beglücken – einfach Zuneigung
und Liebe in Form eines Geschenkes ausdrücken –
ob arm oder reich – Gefühle sind in dieser
Richtung gleich – deshalb hat ein kleines Geschenk
oder gar keines eine größere Wirkung auf mich –
allein der Gedanke – der Ausdruck „Ich denke an Dich“
bleibt in der Erinnerung stehen und man ist froh, den
Menschen zu sehen – das ist die Hauptsache und das
wird wohl jeder verstehen!

Wurzel

Von der Wurzels Ursprung
gehe ich aus –
woher ich komme –
freien Lauf –
meinen Ursprung – ich nehme ihn in Kauf –
ich möchte ihn nicht ändern und
ich sehe an meinen vielen vergangenen
Kalendern – alles soll so sein –
mein Ursprung, der ist bei dir, Gott –
ich danke dir, ohne dich wäre ich mit Sicherheit
nicht hier!

Engelsgesang

Welch ein Klang vom Himmel hoch
droben – man hört sie singen und toben
die Engelein in ihren goldenen
Kostümen, und ich höre sie nur einen
rühmen, denn nur er hat es wirklich
verdient – man betet zu ihm – man kann
ihm vertrauen – und nur mit ihm hat
man Glauben und Hoffnung, um wieder
auf Neues zu bauen – er hat nicht die
Schuld am Desaster – er kann sie nicht
tragen – wenn wir – alle Menschen
versagen und große Fehler beklagen –
sondern wir müssen so handeln –
im Sinne Gottes – und ohne die gesamte
Menschheit zu verschandeln – nur dann
können wir uns zu einer guten
Gesellschaft verwandeln. Bitte weise
Handeln!

Lichtstrahl

Warte auf die Stimme im Wind,
den Lichtstrahl, der sie erleuchtet,
die Person, von der man einfach weiß,
dass man sie bräuchte und
sie dich niemals mehr täuschte!

Wichtig ist das Erkennen der Stimme
nur dann kann man gewinnen –
Erkenntnis oder wie von Sinnen –
aber es muss im Leben doch gelingen –
das Entdecken von richtigen oder falschen Dingen!

Ohrgeräusche

Ich denk an dich,
nach wie vor,
hör deine wunderbare Stimme in meinem Ohr,
tief berührt sie meine Seele,
merkst du denn gar nicht –
wie ich mich quäle,
mich nach Berührung von dir sehne –
an deinen Schultern will ich lehnen –
am Morgen mit dir gähnen,
Schluss mit sich sehnen,
lass uns noch heute starten
mit neuen unendlichen Plänen!

In deinen Zangen

Erhöre meine Worte hier
oder an einem der vielen anderen Orte,
an denen du bist!
Hörst du mein Rufen – mein Verlangen –
du hast mich fest in deinen Zangen und
so soll es auch sein,
für immer und ewig bin ich dein!

Traumstunde

Nachts im Traum bist du mir immer wieder erschienen,
hast mich erleuchtet,
meine Augen sind jetzt noch befeuchtet,
so hat es mich berührt,
wahrhaftig – einmalig,
so sollte es sein – schöner konnte eine Begegnung
im wahren Leben nicht sein.
Ich zittere noch immer,
obwohl es ward nur Schein,
von nun an darfst du für immer Inhalt meines Traumes sein!

Wolke 7

Tief im Herzen spüre ich Schmerzen,
wie ein Wolkenbruch ergießt es sich über mich,
ich weiß – ich liebe dich,
lass mich nicht allein,
nimm mich mit auf deine Wolke,
und wir finden den Weg zu zweit!

Mein Blut bringst du zum Wallen,
Türen höre ich nicht mal mehr knallen,
laute Stimmen klingen wie Musik,
ich schwebe auf Wolke 7,
so rein, so weich
ich versinke im Glück,
möchte nie mehr auf die Erde zurück!

Feuer

Zwischen uns das brennt ein Feuer
endlos lang –
bräuchte man Brennstoff,
würde es sehr teuer –
doch unser Feuer, das lodert
immer wieder aus alter Glut,
als ob ein Blitz sich tausendfach entlud –
nutze die Glut, solange sie brennt,
denn niemand weiß genau –
wann und wohin sie irgendwann rennt!

Schatten

Wenn du ein Schatten wärst,
so wollt ich mich mit dir umgeben,
immerfort mit diesem Schatten leben –
auch wenn kein anderes Licht mehr für mich strahlte –
so sehe ich dies als meine Bürde,
ich könnte es tragen mit Würde,
dich zu lieben bis ans Ende und darüber hinaus,
für dich halt ich jede Hürde liebend gerne aus!

Glücksmoment

Auf dem Weg zum Glück
schau nie mehr zurück –
renne davon –
sehe zu, dass du den Zug noch bekommst,
springe auf, und
von da an nimmt dein Leben seinen Lauf!

Der Moment kommt im Leben nicht so oft,
auch wenn man darauf hofft –
mit ein wenig Geduld klopft das Glück an
deiner Tür – dann darfst du nicht lange überlegen,
sondern sollst es annehmen und glauben an
Gottes Segen!

Edelstein von Bingen

So nannte man sie – die große Benediktinerin
Hildegard von Bingen – deren heilkundliche
Schriften Physika – Naturkunde – und Causae
Et Curae – Heilkunde – das Wissen um die Kraft
der Kräuter lehrten, und viele Menschen
noch heute ihre Rezepte begehren und weitergeben.
Auf dem Rupertsberg zu Bingerbrück entfaltete sich
ihre prophetische Ader – das Buch der Lebensvergeltung
und das Buch der Gotteswerke entstand mit Sicherheit
eine Bereicherung für unser Land.
So lebte Hildegard von 1098 bis 1179 und sie setzte
Zeichen auf ihren Predigtreisen und regte das Volk an,
ihre Gottesvergessenheit zu besiegen – eines ihrer größten
Anliegen und es ist ihr gelungen, denn es ist bis heute zu
uns vorgedrungen!

Juwele und Ideale

Ein Juwel zu besitzen ist wunderschön,
doch ein menschliches Juwel an seiner
Seite zu wissen, ist viel wertvoller als der
größte Juwel unter dem Kissen!

Ideale sind nicht zu finden in einem der
vielen Kaufhausregalen – hat man eines –
sollte man daran arbeiten und sich erfreuen,
ohne jemals eine Stunde zu bereuen!

Tanz

Im Tanz liegt Leidenschaft, Eleganz,
Unendlichkeit, Extravaganz –
Ausdruck – immer wieder einer neuen Chance
Tanz verbindet – stärkt und bringt Balance –
er erfreut und bringt Nähe,
entführt in verschiedene Sphären,
gibt die Möglichkeit zum Begehren

Tanz lädt nicht nur ein –
zum fröhlichen Beisammensein –
beim Tanz ist es, als ob die Zeit bleibt stehen,
wir oftmals sogar rückwärtsgehen - Liebe, Schmerz,
Leidenschaft oder sogar Trauer im Winde verwehen –
manchmal ist durch den Tanz
sogar schon ein Neuanfang geschehen!

Im Tanz begegnet man Gefühlen, ob Freudentanz,
Trauertanz, Hochzeitstanz und viele mehr –
Tanz bedeutet nicht nur Musik, Rhythmus und Rituale,
Tanz macht Mut – tut einfach gut –
wie ein Vulkan, der unendlich lebt –
dessen Glut nie vergeht –
sondern beim Tanz immer wieder neues Feuer weckt
und alle Sinne neu entdeckt –
Tag und Nacht kann uns dieser Zauber umgeben,
zu Tanzen bedeutet einfach: wir sind noch am Leben!

Poesie

Poesie einfach genießen –
wie einen lauwarmen Regenguss
über sich ergießen
Poesie – Sinfonie der Worte
geduldig fallen –
sanft im Raume verhallen
und immer wieder neue Gedanken
erklingen – lassen uns in die Welt
der Poesie eindringen!

Vision

Wenn du einer der Sterne
am Himmel wärst,
so würde ich dich immer erkennen –
ich müsste nicht einmal deinen Namen nennen –
nein, ich würde dich an deiner Leuchtkraft kennen!

Viele Male habe ich dich bereits gesehen,
ohne es genau zu wissen –
das Glitzern und Funkeln –
der helle Schein – ich ahnte da bereits,
das könntest du sein, denn nur deine Strahlen
konnten so kraftvoll und eindringlich sein!

Tränen

Tränen können befreien,
Jemanden anderen einweihen in die Gefühle eines jeden,
ob Trauer, Wut, Freude oder Glück –
Tränen beweisen immer ein Stück –
Man muss sich der Tränen aber
nicht schämen – sie sind das Gähnen
der Seelen und sie wollen
einem nur ihre Geschichten erzählen!

Abgründe

Abgründe tun sich auf,
und du stehst am Rande,
komm weg von dieser dunklen Tiefe
hoch hinauf ans Tageslicht –
wo die Sonne scheint in dein Gesicht,
und die Strahlen dir den richtigen Weg
im Sand aufmalen!

Einst versunken tief – fast ertrunken
lagst du am Wegesrand,
in den Himmel schauend –
Wolkenmeer erbauend – Vögelein zwitschernd,
fröhlich Nester bauend –
und du wusstest zugleich,
wer du bist – was ist Wirklichkeit und Schein –
von nun an sollte es ein Neuanfang sein!

In Not

Steine – endlose Öde,
Die Sonne in voller Röte,
Menschen auf der Welt in tiefer Not,
alle gar sitzen wir in einem Boot –
lasset uns am selben Strange ziehen und
nicht zu Gegnern werden,
wie viele anderen öffnet Horizonte und
lasst uns Ziele gemeinsam werten!

Licht am Horizont

Einst, als ich kein Licht mehr sah,
da ward es ebenda
ein Funke – ein Schein –
es musste ein Ruf des Schicksals sein,
mach weiter – werd wieder heiter,
die Welt ist zu bunt und schön,
die Natur einzigartig wunderschön,
voller Farben und Pracht,
Überraschungen und Neuem,
würde ich eine Oberflächlichkeit
irgendwann bereuen – also auf zu neuen Zielen
und Streben – pack es an, denn da ist nur das eine
Leben!

Straße des Glücks

Auf der Suche nach der Straße des Glücks
schaue niemals zurück,
bewege dich nach vorne,
überschreite Wege mit Dornen,
klettere über Hügel und Steine,
am Ende wirst du es sein –
der reich an Erfahrung – der Mitgift des Lebens –
sollte es nicht so sein,
dass du dich immer auf der Straße des Glücks
befindest – dann wirst du es auf jeden Fall wissen,
dass du auf dieser Straße schon mal warst
und die Gedanken und Erinnerungen daran
bewahrst und davon lebst – bis sich vor dir eine
neue Straße des Glücks erhebt!

Sommerfeeling

Zeit der Freude,
geht raus in die Natur,
Lebensgefühl – Hochgenuss pur,
das Zwitschern der Vögel – die Farbenpracht
der Blumen und Pflanzen lassen
den Frühling in unser aller Herzen tanzen

Freiheit ist ein Gut,
man wird sich bewusst,
es tut einfach gut – zu erkennen –
wer man ist – was man tut –
Freundschaften sind keine
Egoismus – pur – am Ende alleine –
Vertrauen, Geduld, Herzlichkeit,
die Eigenschaften, die zählen,
lassen sich nicht simpel
wie eine Telefonnummer wählen.

Zukunftsmusik

Ich kenne dich kaum,
doch spüre ich, wir sind
füreinander bestimmt,
es kann nicht anders sein, Gefühle
so stark, so rein,
mächtiger könnte ein Vulkan
nicht sein – beben – Explosionen,
endlose Transaktionen –
muss ich jetzt noch etwas betonen,
nein, einfach nur vertrauen, kann
eine wundervolle Zeit aufbauen und
dies ist ein Grund, freudig in die Zukunft
zu schauen!

Wenn der Tag ist gekommen,
endlos die Zeit verronnen,
dann weißt du Bescheid,
verliere nimmer mehr Zeit,
verlass dich auf dein Gespür,
öffne einfach die nächste Tür
und du wirst sehen, es lohnt sich,
manches Mal im Leben nach vorne
zu sehen und nie mehr zurück,
dabei viel, viel Glück!

Wege

In Tälern – Flüsse fließen,
Bäume, zarte Blüten sprießen,
liebe Worte, ach wie fein, sich über
mich ergießen und ganz allein – mein
verspüre ich dich –
Sehnsucht nach Berührung dein – so rein –
so sinnlich – voller Pein –
seh ich es in deinem Augenschein –
für ewig wirst du in meinem Herzen
Wegbegleiter sein!

Ufer

An dem Ufer stehend,
warme Winde wehend,
ein stetig Auf und Nieder,
der Worte Glanz und Schall,
immer wieder durchfährt es
meine Glieder - hier und dort –
ein froher Schall – tauche ein –
in meine Worte – nimm sie wahr und
träume davon und
du wirst sehen – neue Ideen – kommen geschwind
und bleiben bei dir stehen – nimmer mehr
verwehen sie im Wind, weil sie himmlisch sind!

Sprachlos

Die Worte stecken in meinem Hals,
ich höre in mich rein,
was wollte ich dir alles sagen,
dich fragen – ziellose, sinnlose, endlose Dinge,
nun diese Stille,
brauche ich jetzt etwa zum Reden eine Brille!

Dunkel und windig,
so sitze ich da
verfolge die Wolken am Himmel, scheinbar so nah,
du bist so weit weg in der Ferne,
wie habe ich dich so gerne,
mein Herz es schmerzt –
ich kann kaum noch atmen und fühle mich schlecht,
um dich zu sehen und zu spüren
wäre mir jedes Mittel recht!

Sonnenschein

Du bist mein Sonnenschein,
dein Strahlen, dein Lachen
unvergleichbar mit anderen Sachen,
einmalig und schön,
dieses Lachen werde ich nie vergessen,
und wenn die Sonne mal nicht scheint,
denk ich an dein Lachen,
dann wird mir das Leben auch ohne Sonne
Freude machen!

Sonderklasse

Ich weiß, du wirst mich hassen,
ich kann einfach nicht von dir lassen,
bei allen Menschen,
egal welcher Natur und Rasse,
sich so zu lieben, frei und ungeniert,
du bist ein Exemplar der Sonderklasse!

Deine Stimme in meinem Ohr,
mein Pulsschlag – dieses Beben
in meinem Körper, ähnlich einer
Achterbahnfahrt durch mein ganzes
Leben und dies in wenigen Minuten
zwischen Euphorie und Zerfall –
nur Sekunden bis zum endgültigen Knall!

Sehende Hände

Ich spüre deine Hände über meinen Körper gleiten
wie die eines Blinden,
der mit Händen sieht – zart fühlend, sanft ertastend –
Hügel, alle Ecken und Rundungen werden genauestens
erkundet, eine schöne Reise, die hoffentlich niemals endet,
und man keine Zeit für neue Reiseziele verschwendet!

Nestgeflüster

Sie zwitschern fröhlich von den Dächern,
pfeifen, trällern, singen, erzählen von all den Dingen,
die sie überall in aller Lande hören – niemand wird
jemals so viel Neues auf einmal hören und
in ihren Nestern sprechen sie von dem Morgen und
den Menschen, ihren Ängsten und Sorgen, ihren
Hoffnungen
und Freuden, und wenn die Geschichten zu Ende gehen,
hört man ihre Stimmen im Winde wehen!

Lachen

Dein Lachen höre ich nicht mehr,
wie vermisse ich es so sehr,
dieses Lachen gibt es nimmermehr,
kein anderes Lachen bewegte mich je
so sehr – ohne dieses Lachen
fühl ich mich traurig und leer
auf allen Wegen – an allen Orten
vermiss ich dein Lachen,
ich suche und suche und kann es
nicht finden – nur die Hoffnung lässt
mich die Sehnsucht überwinden!

Flügelmensch

Mit Flügeln kann man besser leben,
hin und wieder durch die Lüfte schweben,
ein Highlight zwischen Himmel und Erde,
niemals will ich flügellos werden und mich
meiner Sinne berauben, denn dann würde
ich ihn verlieren – den Glauben – an das Morgen,
ein neues Licht mit ganz viel Zuversicht!

Augenblicke

Aus Winkeln aller Ecken –
verstohlen oder frei – können
Blicke förmlich gierig oder anders sein –
deine Blicke werde ich nie vergessen – so
weckten sie all meine Interessen –
Ich wollte es sein – die dich entdeckt –
dich von allen Zwängen befreit,
hier und zu jeder Zeit noch keiner trieb
mich je so weit,
nur du brachtest mich dazu –
heimlich, leise und in aller Ruh!

Auszeit

Jeder Mensch braucht
einmal eine Auszeit,
wie es einem gelingt,
ob und wie man sie erlangt,
wem man sie verdankt,
spielt keine Rolle. Eine Auszeit ist unsere
persönliche Kontrolle,
man sollte auf sein Inneres hören,
dann kann nichts so schnell
unser Gleichgewicht stören!

Abschied

Manchmal ist es auch
ein Neuanfang – vorbestimmt –
ein neuer Klang
gleichsam – schönstem Vogelgesang,
mit Melodien und Tönen
aus der Tiefe – sie klingen und fröhlich,
sie beschwingen und beflügeln, als ob
man wandert über Hügel und immer höher und höher
oben auf
sitze ich wie auf des Rosses Rücken – glücklich für immer –
welch ein Verzücken!

Herzliche Anteilnahme

Liebe kennt keine Grenzen,
man kann es jetzt noch nicht verstehen,
so muss man den Rest der Reise
mit all seinen Hürden und Schranken
hier und da überschreiten,
gemeinsame Ziele,
Wege, Orte,
Erinnerungen und Gefühle
werden ständig begleiten –
sie bleiben tief im Herzen stehen
und eines Tages, am Ende dieser Reise,
wird man sich wiedersehen und nie mehr
getrennte Wege gehen!

Trauerweide

Wenn ich durch die Zeit reite,
den Schmerz immer wieder
in meinem Herzen spüre –
sehnsüchtige Gedanken dich
berühren – dann bin ich nicht
allein – sondern mit dir zusammen
und du machst mich stark und
schenkst mir Kraft und jeden Tag
wieder Mut und neuen Lebenssaft!

Zwischen dir und mir

Ich verzehre mich nach dir,
mein Herz gehört nur dir,
wann sagen wir – nicht mehr du und ich,
sondern einfach nur wir,
das ist das, was zählt,
die Liebe zwischen uns Zwei,
sie lässt keinen Platz für eine Nummer drei.

Lauf der Liebe

Jede Faser in mir
sehnt sich unendlich nach dir,
wie kann ich es ausdrücken,
Worte allein langen nicht aus,
Zeilen bleiben stehen
du schaust immer wieder drauf,
alles zusammen nimmt seinen Lauf
und irgendwann kommst du von selbst darauf,
dass wir füreinander bestimmt sind, und unsere
Liebe ganz sicher gewinnt!

Liebesmacht

Die Gedanken an dich gehören mir,
niemand kann sie mir nehmen,
für meine vielen Zeilen – muss ich mich
nicht schämen, denn sie kommen von
Herzen und haben ihren Wert – wie habe ich
dich verehrt – mich sehnsüchtig nach dir verzehrt –
doch eines hat mich der Verzicht gelehrt – Liebe ist stärker –
Liebe ist mächtig

Weihnacht

Sie naht, die große Stille
hält Einzug in die Dunkelheit,
ein Leuchten, nämlich Gottes Wille,
hineinwirkt in diese laute Zeit.

In jedem von uns ist die Sehnsucht
nach unendlicher Liebe und Geborgenheit,
und danach sollte man streben –
dann kann man dieses Gefühl,
einen Hauch von der nahen Ewigkeit, erleben.

Adventszeit, Kerzenlicht und Plätzchen
backen – Krippenspiel und Kinderlachen –
all die vielen Sachen, die den Menschen
Freude machen – viele müssen darauf verzichten –
betet für sie und erwähnt sie in euren Geschichten.

Ein Tannenduft aus dem Wald,
der Gesang der Englein vom Himmel
zu uns schallt und sie singen und flöten
für den Frieden und gegen die Gewalt!

Impressions of Life

A Contrast of Feelings

I will be happy for you when you go,
and yet shall I cry
I can see almost nothing because
of my tears, they leave me with
the thought
I can feel, nothing can touch me
more than losing you, my heart is
in pain and in danger of freezing,
but we won't let it happen, because
our Love will outlast many miles,
even beyond death our Love will
never cool!

Longing

How often did I long for you
But you don't even hear the knocking
on your door – you are so blind –
what can I do – to finally release from
my deep longing for you
I dream about you, I cry for you
I pray for you and I always think
of you – but how am I feeling?

Tides

The tides they let you feel it
not only the waves are cool
no, also the people, one needs to
touch them daily, they reject you
and show you the door, instead of
giving Love and coming closer,
Lord please have some effect,
because coldness can be so cruel,
bring warmth into their hearts!

Starry Sky

High above in the sky – there look up
if you like it
the big canopy of heaven –
it's an ocean of stars – sisters
and brothers, combined they
are heavenly minds and with their
faces they are worth more than all
treasures, they are indescribably
beautiful, even if in the first
moment they look alike, nevertheless
they are individual and each one
you choose tells a different story,
their end is always full of glory,
because the bad things are blown
away with the wind!

Hopes

Hopes, who doesn't have them, but one does not always bring them into the light, hope is the elexir of life and he who never gives up, will always receive new life and new hope, a new struggle can stimulate our soul and give us new will to live, hope for all of us with God's power!

Love Whisper

I Love you
this whispering in my ear
I will never forget
this melody full of harmony
of no sort irony
for you it was serious like
never before in your life
this whispering you only wanted to
give away once and it should last
for an entire life!

Love, Suffering, Eternity

Today in our time
there is between Love and Suffering
often only a short stretch
Love does not bring only happiness,
no, but bestows also suffering,
am I ready for a new Love or
do I want to love and feel sorrow
forever, or do I want to wait and
hope until I meet the one Love for
eternity!

Passion

Passion has many sides
sometimes it is like a pearl necklace
pink, shiny and completely pretty
and yet the inside is not visible
if one would occasionally drill
deep inside, then for sure this
passion would be lost, but therefore
it is chosen, when a passion is met,
one shouldn't drill, or quickly
you will lose this passion again!

Dreams

Dreams no one can take away from us
you don't have to be ashamed of them
sometimes they are wonderful other
times they are difficult to understand,
one is afraid and has doubts or even
nightmares and those are bubbles,
open endless rooms, without doors
and no one knows, where do I lose
myself, then there are no backdoors,
yet that shouldn't affect us, for
maybe sometime there will be a dream
with a door and through this one
we will go and see the world with
different eyes!

Sorrow

Cry calmly, even though I'm gone
yet I'm with you and I look down
on you, for this makes my world
more colourful too, I know you
have to suffer and make many
decisions yourself, but remember,
I watch you and you are doing well,
have courage, have faith, you will
go your own way, don't forget I
watch you, maybe you can feel me
and touch my thoughts, yes, then
we are together and nothing can
come between our Love!

Ebenfalls von Liza Hudson erschienen

Liza Hudson

Schatztruhe der Gefühle

Gedichte

WEIMARER SCHILLER-PRESSE

Liza Hudson

Schatztruhe der Gefühle – Gedichte

ISBN 978-3-8267 -5520-0

sFr 11,80 • € 7,50

Weimarer Schiller Presse